SOUVENIRS

DE LA

CAMPAGNE DU NORD

(1870-1871)

DOUAI. — IMPRIMERIE DUTHILLŒUL ET LAIGLE.

SOUVENIRS

DE LA

CAMPAGNE DU NORD

(1870-1871)

PAR

Maxime Lecomte

AVOCAT A AVESNES

LIEUTENANT DE LA GARDE NATIONALE MOBILE.

SECONDE PARTIE.

REPRODUCTION INTERDITE.

AVESNES

CHEZ ELIET-LACROIX, LIBRAIRE

1871

Lille le 22 mai 1871

Monsieur,

J'ai l'honneur de vous accuser réception de vos lettres et de votre envoi. Je vous remercie de la dédicace que vous me faites de votre livre que je lis avec le plus grand intérêt. Je serais heureux que quelque circonstance me mit à même de faire votre connaissance.

Veuillez agréer l'assurance de mes meilleurs sentiments

G.ᵃˡ L. Faidherbe

SOUVENIRS
DE LA
CAMPAGNE DU NORD.

CHAPITRE V.

Formerie — La petite guerre de Grandvilliers.

> « Je veux, lui dit l'enfant, de la poudre et des balles. »
> Victor Hugo (*Les Orientales*).

SOMMAIRE :

D'Amiens à Grandvilliers. - Le récit de Formerie. — La section d'artillerie. — Deux épisodes. — Ordres du jour. — La rue de Formerie — Le jour des morts — Le crime de Metz — Les exercices ; le camp. — Les reconnaissances. — *Vive l'Empereur !* — Visites de compatriotes. — Les réquisitions prussiennes. — Une embuscade — Le meurtre et l'incendie. — Les vengeurs du Havre. Une exécution militaire. — La reprise d'Orléans. — Le 46ᵉ fait partie d'une brigade. — Départ de Granvilliers. — Nous faisons jonction à Amiens avec les deux autres bataillons du 46ᵉ.

Je fis route d'Amiens à Grandvilliers avec plusieurs mobiles qui, comme moi, étaient restés en arrière pour cause de maladie. Le père de deux officiers de notre bataillon vint se joindre à notre petite troupe. Je vis alors combien sont grandes et douloureuses les angoisses paternelles et ma pensée se reporta sur mon propre père, livré à de continuelles inquiétudes. De ses fils, qui tous deux se trouvaient encore au bataillon à cette époque, notre compagnon de route perdit le plus jeune, tombé sous une pluie de balles le 23 décembre.

Nous n'étions pas, au début de notre voyage, sans quelque appréhension sur son issue ; mais nous fûmes heureux de constater que les Prussiens n'avaient pas osé tenter un retour offensif et que nous occupions toujours une grande partie de la ligne d'Amiens à Rouen. Nous descendîmes à la gare de Poix, sur les confins des deux départements de la Somme et de l'Oise. Le temps était beau, le pays, très-pittoresque et nous fîmes allégrement les trois lieues qui nous séparaient de Grandvilliers, ramassant de temps en temps, pour apaiser notre soif, une des pommes acides amassées en monceaux de chaque côté de la route.

A notre arrivée, notre première pensée fut de nous informer des pertes subies par le bataillon. Elles s'élevaient à deux tués et six blessés grièvement. Deux de mes amis étaient parmi les blessés, l'un avait reçu une balle dans la cuisse, (*) et l'autre une au genou (**). Ensuite, il fallut songer à un gîte. Quand à moi, je remplaçai chez le maire

(*) M. Z. François.
(**) M. C. Stavaux.

de Grandvilliers celui de mes amis qui avait été blessé au genou. Quoique simple sergent-major, j'habitai de la sorte sous le même toit que le commandant et plusieurs autres officiers. Je reçus la plus cordiale hospitalité ; le maire, ancien notaire, de parfaite éducation, aimait à causer avec ses hôtes. La guerre, tel était notre unique sujet de conversation. L'intérêt que tout le monde y avait n'était-il pas, en effet, tout à-fait absorbant ?

Aussitôt que j'eus déposé dans l'appartement que je devais occuper mon léger bagage de soldat, je voulus avoir le récit de *Formerie*, et certes, les relations ne nous manquèrent pas. Cette première rencontre avait fortement surexcité l'imagination des mobiles, et l'on entendait à chaque instant imiter le sifflement des balles, semblable au bourdonnement d'une mouche importune, et le bruit de l'obus bien autrement grave et effrayant.

Je vais tâcher de faire, d'après ce qu'on m'a raconté, une narration fidèle de ce premier combat du **28 octobre**.

Le bataillon arriva le soir, par une pluie battante, à Poix ; les hommes, déjà fatigués, croyaient dès ce moment marcher à l'ennemi. Ils n'eurent que quelques heures de repos ; puis, il fallut repartir pour Grandvilliers, où ils arrivèrent harassés et affamés. La veille, les Prussiens, qui étaient logés dans ce chef-lieu de canton, avaient dû s'éloigner précipitamment, sans pouvoir même achever leur déjeuner ; aussi, les habitants, heureux d'être si vite débarrassés d'hôtes incommodes, s'empressèrent de donner du pain et du cidre aux Français qui mouraient de faim et de soif. On avait déjà bien des kilomètres dans les jambes, pour employer le langage du troupier ; mais il fallait encore marcher : le canon tonnait dans la direction de Formerie, village distant de trois lieues de Grandvillliers et bientôt on aperçut la lueur d'un incendie. On avança résolument, triomphant de l'émotion bien naturelle que produisaient ces bruits de mort et cette situation inconnue. A une certaine distance du village, le bataillon se divise en deux colonnes. Deux compagnies forment la moins nombreuse et des mobiles de la compagnie franche sont les éclaireurs de ces deux colonnes. La plus nombreuse, le commandant (*) à sa tête, va pour tourner les positions de l'ennemi. Ce mouvement réussit Le commandant, entendant chanter un petit oiseau, s'écrie que ce chant nous promet la victoire, et ceux qui l'entourent sont encouragés par ce sang-froid et par l'heureux présage. Bientôt, des deux côtés, les tirailleurs sont aux prises. Embusqués dans une briqueterie les Prussiens ont l'avantage de la position. Cependant les nôtres ne se découragent pas, et dans une compagnie, dont les officiers étaient occupés sur d'autres points, le sergent-major s'avance en criant un enthousiaste : suivez-moi ! Malheureusement une balle l'atteint au genou. (C'est l'ami dont j'ai déjà eu l'occasion de parler,) bientôt il ne peut plus avancer ; il encourage encore

---

(*) M. J. de Lalène-Laprade, depuis lieutenant-colonel et officier de la légion d'Honneur.

les siens et leur demande de le venger. A ce moment, les Prussiens, effrayés de l'intervention active d'un nouveau corps français, cèdent et lâchent pied en désordre.

De son côté, la seconde colonne de notre bataillon était arrivée sur le champ de bataille ; elle s'était même avancée à une distance très-faible de deux pièces d'artillerie ennemie, dont les projectiles passèrent au-dessus de la petite troupe. On assure que les Prussiens furent obligés d'enclouer leurs pièces.

Enfin, le combat est tout à l'avantage des Français. Les ennemis se rallient sur la route de Sougeons et continuent à battre en retraite. Bien des soldats prussiens sont obligés de traverser des tourbières, des plaines complètement détrempées par les pluies où, sous peine d'y rester eux-mêmes, ils sont obligés de laisser leurs bottes. Le lendemain, on apercevait sur plusieurs points du champ de bataille cette singulière végétation.

Il serait injuste de passer sous silence la part que prit à l'action la section d'artillerie dont parlait la dépêche du préfet de la Somme. Deux petites pièces de quatre, admirablement servies, foudroyèrent l'ennemi, dans sa fuite, à une grande distance, après avoir, par une habile manœuvre contribué beaucoup à le déterminer à la retraite. Ces artilleurs étaient commandés par un jeune lieutenant (*), parti comme maréchal de-logis au commencement de la campa-

---

(*) Le lieutenant Joachim.

gne, blessé dans deux batailles de Mac-Mahon, évadé de Sedan, blessé encore dans presque toutes les affaires de la campagne du Nord, aujourd'hui lieutenant en premier, décoré et sans doute bientôt capitaine. Il mérite un avancement si brillant, non seulement par ses talents spéciaux, mais encore par un courage héroïque, où l'on trouve réuni le sang-froid et la témérité.

On raconte plusieurs épisodes du combat de Formerie. On dit, par exemple, qu'un mobile étendit raide mort un officier prussien qui se deshonorait au point d'approcher de ses propres mains la torche incendiaire d'une chaumière de paysan, chose indigne de tout homme et que jamais un officier français n'oserait commettre.

Tous les mobiles ne conservèrent pas leur sang-froid dans cette première affaire. On cite un joli mot d'un sergent-major qui, au moment où les pièces ennemies crachaient la mitraille, avait trouvé un arbre derrière lequel il se dissimulait le plus possible. — As-tu peur? lui dit un camarade. — Peur.. oui, j'ai une *peur relative.* » Le moyen de ne pas admirer tant de philosophie !

A ce même moment où les gueules de bronze des canons ennemis vomissaient leurs redoutables projectiles, un mobile, tout ahuri de ce tapage et de ce danger, cherchant une protection qui pût le couvrir, demandait à l'un de ses officiers : « lieutenant, avez-vous votre *révolver ?* »

Les Prussiens avouèrent deux ou trois morts ; mais on en ramassa quinze sur le terrain, et, au dire des paysans, des charrettes emportèrent au moins cinquante morts et cinquante blessés. Les forces des Prussiens étaient d'environ trois mille hommes ; ils avaient huit pièces de canons ; nous avions à peine deux mille hommes et seulement deux pièces de canon.

Telle fut l'affaire de *Formerie*, qu'une dépêche prussienne appela plus tard un *incident fâcheux* et qui frappa si bien le moral des troupes ennemies cantonnées à Beauvais que le 29 tous les bagages des officiers étaient préparés pour le départ. Les Français ne cherchèrent cependant pas à reprendre Beauvais, et on eut sans doute raison, car on s'y serait maintenu très-difficilement. On se contenta d'occuper Grandvilliers et les environs, pour surveiller les progrès de l'ennemi, empêcher ses réquisitions et faire la petite guerre à ses éclaireurs.

Tous les capitaines du bataillon furent portés à l'ordre du jour ; deux lieutenants, plusieurs sous-officiers et soldats figurèrent également sur cette sorte de tableau d'honneur.

Je me permettrai ici de suggérer une idée à la nouvelle édilité de la ville d'Avesnes. La rue qui va de la grand'rue à la place d'armes porte le nom de *rue Normerie*. Ce nom offre-t-il un intérêt si réel, et la dépense serait-elle si considérable qu'on ne pourrait mettre F au lieu de N ? Cette substitution aurait l'avantage de perpétuer, dans le chef-lieu même de l'arrondissement, le souvenir d'un succès de l'armée française auquel contribuèrent les mobiles du bataillon d'Avesnes.

Le lendemain de mon arrivée fut donné à la réflexion, à la tristesse. Le 2 novembre 1870 fut en effet un jour lugubre. Le jour des morts. Quels souvenirs ! Quelles sombres pensées ! Combien de ruines, de hontes, de trépas amassés en trois mois ! Combien de veuves, d'orphelins, de vieillards sans appui ! Combien de blessés morts sans secours, de tués enfouis précipitamment dans une fosse immense et banale, sans tombe, sans nom ! Combien d'héroïsmes inconnus, de dévouements laissés sans récompense, d'amitiés oubliées ! La barbarie triomphante poursuit son œuvre, et cette œuvre semble juste, car elle venge le droit partout et si longtemps violé.

Les souverains de France et d'Angleterre ont laissé les deux complices, la Prusse et l'Autriche, égorger le Danemark, peuple brave qui lutta sans espoir contre une force invincible. Le châtiment ne se fit pas attendre pour l'Autriche, dont la puissance resta sur le champ de bataille de Sadowa. Le châtiment commença pour la France, dont les convoitises ne furent pas écoutées par le vainqueur, conscient de sa force ; et cette force continua à primer le droit. L'Angleterre est actuellement abaissée, humiliée ; la France, spoliée, ruinée. A quand le châtiment du peuple inique et barbare qui poursuit le cours de ses brutales conquêtes en invoquant hypocritement le droit et la civilisation ?

Les hontes et les malheurs de la France, n'étaient pas encore arrivés à leur apogée. Nous comptions sur la plus belle de nos armées, le meilleur de nos généraux : Metz et

Bazaine étaient nos mots d'ordre et ralliement : c'est de là que devaient venir la délivrance et la victoire. Déception amère ! L'infâme trahison nous arracha cet espoir, et ce fut dans tout les cœurs français un horrible déchirement : Bazaine a trahi ; Metz a capitulé !... . Et ce fut le jour des morts que nous reçumes cette funeste confirmation des bruits sinistres qui circulaient depuis plusieurs jours.

Etait-il alors permis de désespérer du salut de la patrie ? Question poignante et dont il convient de laisser la solution à la conscience de chacun. Le ministre de l'intérieur et de la guerre lança une proclamation commençant ainsi : « Français, élevez vos âmes et vos résolutions à la hauteur des effroyables périls qui fondent sur la patrie. Il dépend encore de nous de lasser la mauvaise fortune et de montrer à l'univers ce qu'est un grand peuple qui ne veut pas périr et dont le courage s'exalte au sein même des catastrophes. Metz a capitulé. Un général sur qui la France comptait, même après le Mexique, vient d'enlever à la patrie en danger plus de cent mille de ses défenseurs. Le général Bazaine a trahi, il s'est fait l'agent de l'homme de Sedan, le complice de l'envahisseur, et au mépris de l'honneur de l'armée dont il avait la garde, il a livré, sans même essayer un suprême effort, cent vingt mille combattants, vingt mille blessés, ses fusils, ses canons, ses drapeaux et la plus forte citadelle de la France, Metz, vierge jusqu'à lui des souillures de l'étranger ... » Dans une proclamation adressée à l'armée, M. Gambetta disait : « Soldats ! vous avez été trahis, mais non deshonorés ! Depuis trois mois la fortune trompe votre héroïsme. Vous savez aujourd'hui à quels désastres l'ineptie et la trahison peuvent conduire les plus vaillantes armées. Débarrassés de chefs indignes de vous et de la France, êtes vous prêts, sous la conduite de chefs qui méritent votre confiance, à laver dans le sang des envahisseurs l'outrage infligé au vieux nom français ? En avant ! vous ne lutterez plus pour l'intérêt ou les caprices d'un despote : vous combattrez pour le salut même de la patrie, pour vos foyers incendiés, pour vos familles outragées, pour la France, notre mère à tous, livrée aux fureurs d'un implacable ennemi. Guerre sainte et nationale, mission sublime, pour le succès de laquelle il faut, sans jamais regarder en arrière, nous sacrifier tous et tout entiers . . . .

Au milieu de ces tristes événements, notre organisation et notre instruction se développaient, pour ainsi dire sous les yeux de nos ennemis dont quelques lieues nous séparaient. Chaque jour nous nous rendions, clairons en tête, dans une grande prairie, à la lisière du village, pour exécuter l'école de soldat ou l'école de peloton, et même dans les derniers temps les parties les plus importantes de l'école de bataillon. Plusieurs fois les sacs se dégarnirent de leurs tentes et bientôt tout un camp, assez régulièrement aligné, s'éleva dans la prairie. On sonnait le *couchez-vous* et chacun, comme Achille, se retirait sous sa tente ; mais pour quelques minutes seulement. Nous nous sentions devenus soldats ; nous prenions confiance en nous mêmes et dans nos chefs.

Des jeunes gens entreprenants, sans peur et sans reproche, les enfants perdus du bataillon, s'aventuraient quelquefois en dehors des lignes françaises, *pour voir le pays*. Deux de ces jeunes gens entrèrent un jour dans une maison, pour y demander à manger. Bientôt la nappe est mise, et tout leur est offert avec profusion : un repas succulent, du vin, du cognac, des cigares même. Surpris d'un accueil trop peu usité, ils se laissent cependant servir et causent avec abandon ; ils parlent du chemin parcouru, des incidents de la campagne. Mais l'hôtesse les interrompt : « *vous n'êtes pas prussiens !* » dit-elle avec un accent de déception, regrettant sans doute toutes ces bonnes choses données à des français.

Chaque semaine, plusieurs compagnies, ou même tout le bataillon, faisaient des reconnaissances, qui avaient principalement pour but de nous habituer aux fatigues de la marche, car les Prussiens, sans doutes avertis de nos promenades, avaient grand soin de nous laisser le champ libre. Un jour nous arrivons dans un village auquel les Prussiens faisaient de temps à autre l'honneur d'une visite. C'était jour de grand marché et les paysans d'alentour se pressaient sur la place. Le lecteur ne devinera jamais quel cri nous accueillit, nous, représentants de cette jeune armée républicaine qui ne refusait pas de lutter encore pour l'indépendance de la patrie. Ces marchands de grains et de bestiaux, pressés autour de nous, crièrent *vive l'Empereur !* et cela après le crime de Sedan et de Metz, en pleine guerre allumée par l'ambition dynastique. Plusieurs d'entre nous répondirent par le cri de *vive la République!* J'étais furieux et attristé à la fois en songeant à ce qu'un pareil symptôme nous révélait. Si j'avais à cette époque porté un sabre, je crois que j'aurais, comme Saint-Pierre fit à Malchus, coupé une oreille à l'un de ces insulteurs. Ce village se nomme Crévecœur. — Les paysans étaient généralement assez bons amis des Prussiens, qu'ils renseignaient, et dont ils disaient: *ils paient cher!* sans réfléchir que l'argent, prix de leurs denrées, avait été préalablement puisé dans leurs bourses, sous forme d'impositions et réquisitions.

Je fus bien heureux, ce jour-là en rentrant à Grandvilliers: je vis plusieurs personnes du Nord, des parents et amis qui étaient venu voir un compatriote. C'était une véritable joie pour nous de pouvoir nous reposer le corps et l'âme en causant de la famille et du pays.

Une autre fois, en semblable occasion, nous restâmes jusqu'à une heure avancée de la nuit, oublieux et du temps et du passé, à causer, rire et boire. Les chansons eurent aussi leur grand rôle dans cette petite fête. Un de nos amis nous donna une partie de son répertoire de chants patriotiques ou militaires, entre autres le fameux *Bouton de Billou.* Bientôt même on oublia complètement la guerre pour chanter *la Bière, l'Amour. La chanson de Gambrinus, le Lac,* de Lamartine, et *le Grenier,* de Béranger nous jetèrent en pleine poésie, à mille lieues des Prussiens et de nos champs dévastés. Jamais peut-être la gaité ne monta à un diapason si élevé. Pourquoi ? Parceque depuis longtemps nos esprits s'étaient nourris de sombres pensées, et la réaction arrivait : la jeunesse reprenait tout son empire et nous jouissions d'autant mieux de la vie que chaque jour nous étions exposés à la perdre. Quelles fêtes étranges, incompréhensibles, si on ne tient pas compte de ce sentiment, que le festin de Sardanapale et le dernier repas des Girondins, avant le bûcher, avant l'échafaud !

Les reconnaissances et les alertes se multipliaient. Le maire de *Marseille-le-Petit*, par exemple, télégraphiait : « Ayez pitié de vos pauvres mobiles. Les Prussiens.—Combien sont-ils ? — Il en passe... il en passe... il en passe .. Je sauve l'appareil télégraphique. »

Les ennemis, en effet, venaient en détachements plus ou moins nombreux dans les villages environnants exiger et réclamer des réquisitions. Quelquefois ils se contentaient d'écrire. Le maire d'un village reçut un jour une épître de ce genre ; mais, loin d'en être intimidé, il répondit : « nous sommes ici inondés de troupes françaises ; aussi il m'est impossible de me rendre à votre aimable invitation. Du reste, si vous voulez absolument avoir cette réquisition, je la tiens à votre disposition, *venez la prendre !* » Je ne suis pas sûr qu'on doive faire honneur au maire de cette réponse ; car je pense qu'elle fut écrite par le capitaine de notre compagnie franche.

Cette compagnie opéra plusieurs fois isolément, dans les environs de Grandvilliers. Elle partait pour plusieurs jours et tentait de hardis coups de main. Un jour, parfaitement cachée dans un bosquet, position magnifique d'où on aurait pu attendre de pied ferme tout un régiment, la compagnie vit venir un détachement de uhlans. On laissa passer les trois premiers sans mot dire et une terrible décharge assaillit une vingtaine d'autres, composant le gros du détachement. Les premiers seulement rentrèrent à Beauvais sains et saufs, et trois chevaux furent pris par nos mobiles. L'un rapporta un bonnet, l'autre une lance ou un pistolet d'arçon. Tout le monde était enchanté de ce fait d'armes qui ne nous coûtait pas une goutte de sang.

Les Prussiens s'en vengèrent par la menace, le meurtre et l'incendie : à la guerre faite au soldats ils répondirent par la guerre sauvage, faite aux populations. Dans un village, ils assassinèrent le garde-champêtre, parce qu'il portait un képi ou parce qu'on le soupçonnait d'avoir logé un franc-tireur. Dans un autre village, il prirent le maire comme ôtage ; là encore ils forcèrent une jeune fille à allumer de sa propre main le feu qui allait dévorer la maison, toute la fortune de ces malheureux. Passons rapidement sur ces faits qui nous révoltent.

Nous n'étions pas les seules troupes françaises laissées dans le pays. Une compagnie de francs-tireurs qui s'appelaient les *Vengeurs du Havre* et portaient ce nom au képi, opérait dans les bois voisins. Le lieutenant de cette compagnie était une femme, fille du capitaine et sœur de deux victimes de la première période de la guerre.

Un bataillon de chasseurs à pied se trouvait à Feuquières. La compagnie de piquet de notre bataillon alla dans ce cantonnement pour assister à l'exécution d'un chasseur condamné à mort, en vertu de la loi martiale, pour avoir volé une montre Comme je n'assistais pas à cette lugubre scène qui impressionna vivement les mobiles qui en furent spectateurs, je laisse la parole à l'auteur de la *Vie militaire sous l'Empire.*

« C'est un terrible spectacle que celui d'une exécution militaire. Je n'ai jamais vu d'exécution civile, je ne connais la guillotine que par des gravures ; mais bien souvent mon devoir m'a cloué vis-à-vis d'un malheureux qu'on allait fusiller. J'ignore quel était l'état de son pouls, mais certainement il ne battait pas plus fort que le mien. Les troupes forment un carré qui n'a que trois faces ; la quatrième est vide, elle doit servir de passage aux balles. On déploie exprès un grand appareil militaire, et certes on a raison, car, puisqu'on fait un exemple terrible, il faut au moins le rendre utile à ceux qui restent. Arrive le condamné qu'un prêtre accompagne ; soudain tous les tambours battent aux champs jusqu'à ce que le patient soit au centre des troupes. Alors ils battent un ban. Le capitaine-rapporteur lit le jugement, les tambours ferment le ban; on fait mettre l'homme à genoux, on lui bande les yeux, et douze caporaux commandés par un adjudant sous-officier font feu sur le malheureux qui se trouve à dix pas devant eux. Pour diminuer si c'est possible l'agonie du condamné, les commandements ne sont pas prononcés, l'adjudant les fait avec sa canne qui sert de signal. Dans le cas où l'homme ne serait pas mort, ce qui se voit quelquefois, un peloton de réserve composé de quatre hommes se trouve prêt à l'achever en tirant à bout portant . . . .

J'ai vu des condamnés qui haranguaient le régiment, qui commandaient le feu, sans qu'aucune syllabe dénotât chez eux la moindre émotion. (C'est ce qui arriva à Feuquières.) Mais l'homme qui, dans ce cas, montra le plus étonnant courage, c'est Malet. Conduit à la plaine de Grenelle avec treize de ses complices, il demande comme chef des insurgés la permission de commander le feu. — Portez... armes ! crie-t-il d'une voix de tonnerre. Ça ne vaut rien, nous allons recommencer. L'arme au bras tout le monde ! Portez armes ! Bien. A la bonne heure. Peloton... armes ! Joue. Feu.. tous tombèrent, excepté Malet qui resta seul debout. — Et moi donc ! Le peloton de réserve, en avant ! Bien. Portez... armes ! Peloton, armes ! Joue. Feu.... »

C'est à Grandvilliers que nous avons reçu la nouvelle de la première victoire des armées républicaines, la bataille de Coulmiers et la reprise d'Orléans, le 10 novembre ; nous avons lu, dans un élan d'allégresse et d'espoir l'enthousiaste proclamation de M. Gambetta à l'armée de la Loire. « Soldats de l'armée de la Loire, votre courage et vos efforts nous ont ramené la victoire, depuis trois mois deshabituée de nos drapeaux ; la France en deuil vous doit sa première consolation, son premier rayon d'espérance. Je suis heureux de vous apporter, avec l'expression de la reconnaissance publique, les éloges et les récompenses que le Gouvernement décerne à vos succès. Sous la main de chefs vigilants, fidèles, dignes de vous, vous avez retrouvé la discipline et la force ; vous nous avez rendu Orléans, enlevé avec l'entrain de vieilles troupes depuis longtemps accoutumées à vaincre... »

Ces proclamations du ministre de l'Intérieur et de la Guerre étaient fort belles ; elles devaient produire un grand effet moral sur les troupes et sur tout le peuple : c'est à tort que, dans un esprit de dérision, on nommait parfois le jeune organisateur de nos armées : *la parole enflammée du gouvernement de l'éloquence nationale.* Je ne dis pas que l'avocat ne prit pas souvent le dessus, que M. Gambetta ne se laissa pas emporter trop loin par l'amour de la phrase, mais ce sont là de beaux défauts.

L'armée du Nord fut organisée à son tour. Les grandes opérations allaient commencer. Cette organisation nouvelle se manifesta pour nous par un incident qui n'occupa guère notre attention à cette époque. Le 46e régiment de marche fit partie d'une brigade avec une batterie d'artillerie, le 17e bataillon de chasseurs à pied et le 24e de ligne.

L'ordre de départ pour Amiens arriva une nuit ; à l'aube, nous laissions la population de Grandvilliers dans la désolation, notre départ, en effet, devait être immédiatement suivi de l'arrivée des Prussiens d'autant plus exigeants qu'ils avaient plus longtemps convoité cette proie. Nous allâmes chercher notre gîte du soir à Conty et à Flers, et, grâce à un défaut de précision et de clarté dans les ordres reçus, nous y restâmes un jour A Flers, je rencontrai la compagnie franche du 10e bataillon du Nord, dans laquelle je comptais des amis. Ce fut une joyeuse journée, à la fin de laquelle on se concerta pour enlever aux Prussiens un convoi important. Toutes les instructions données à cet effet, on se retira pour prendre un peu de repos. Dans la nuit, on nous réveille : il faut s'habiller à la hâte ; le temps presse. Les Prussiens s'avancent sur Amiens en masses énormes par Roye et Breteuil. Il n'y a pas à hésiter, il faut partir. — Nous arrivons bientôt sur les belles collines de la Picardie et par un des derniers beaux jours de l'année un splendide amphithéâtre de bois, de champs et de villages brillamment éclairés par le soleil se déroule à nos yeux charmés. Puis, c'est Amiens que nous découvrons ; sa majestueuse cathédrale se détache sur l'azur du ciel que le crépuscule a rendu plus foncé. — A notre arrivée, on nous assigne comme logement des barraques qui forment une sorte de camp sur la route de Saint-Fuscien. — La ville nous est fermée. On voit se dresser des barricades, des palissades ; on remarque aussi des murs percés de meurtrières. Nous apprenons que sont arrivés, comme nous, à Amiens, les deux autres bataillons formant le 46e régiment de marche. Nous n'en pouvons plus douter, l'ennemi approche et bientôt se livrera la bataille de l'issue de laquelle dépend le sort de la ville. Sera-ce la bataille de Coulmiers qui délivra Orléans ? Sera-ce l'affaire de Toury qui laissa aux mains des Prussiens la cité de **Jeanne-d'Arc.**

CHAPITRE VI.

Villers-Bretonneux.

> « Arriva du champ de bataille un chevalier dont le corps ruisselait de sueur, et les armes, de sang. »
>
> FINLAY.

SOMMAIRE :

Les barraquements. — Le jour de la Sainte-Catherine. — Fusillade de Domart — Combat de Beaucourt et de Mézières. — La défaite de Villers-Bretonneux. — La nuit du 26 novembre à Aubigny. — Cachy et Gentelles. — Anecdotes. — Le cercle de feu. — Amiens. — La ville est rendue. — La retraite s'effectue en bon ordre. — La citadelle d'Amiens — Arras.

Nous étions déjà loin du confortable de la caserne de Condé. Cette caserne, notre imagination en faisait un palais en la comparant aux barraques que nous occupions. Faites de planches mal jointes, elles provoquaient, par un semblant de résistance, le vent et la pluie à nous visiter. Une couche de paille humide sur un plancher incliné, tel était le lit des mobiles, encore était-il parcimonieusement mesuré. Pour faire place à plus de monde, on dormait de côté, si on pouvait dormir, et on se serrait, non-seulement pour combattre le froid, mais pour laisser un petit coin au camarade qui était en retard. On le comprend, on s'arrachait sans peine à un repos qui pour un sybarite aurait été un effroyable supplice. Aussi, on fut vite sur pied, lorsque le 24 novembre, à minuit, il fallut se lever et partir pour prendre part, nous dit-on, à une reconnaissance. . . . .

Nous marchons longtemps, par de mauvais chemins ; notre guide nous fait même faire fausse route. Entre cinq et six heures du matin, nous arrivons en vue du village de Domart. Nous devions rencontrer l'ennemi plus loin. On demande à des habitants si les Prussiens occupent ou ont occupé le village ; ils nous répondent négativement : il n'y a aucun danger, les Prussiens ne sont jamais venus à Domart. L'avant-garde s'avance et se rencontre face à face, à trente mètres, avec des cavaliers prussiens partis au galop, qui s'empressent de faire un demi-tour admirable. On s'attendait si peu à voir là une avant-garde du corps ennemi que tout le monde croit un moment avoir affaire à des cavaliers français ; on crie : ne tirez pas ! et en effet, les ennemis sont hors de portée lorsqu'a lieu la première décharge. Ceux qui espéraient rencontrer des Français sont bientôt cruellement détrompés.... Notre avant-garde, composée de mobiles de la compagnie franche, et de la 1re compagnie dont je faisais alors partie, sont auprès de l'église de Domart. A ce moment une terrible fusillade se fait entendre. Ce sont des fantassins prussiens qui, embusqués dans les rues du village, au coin des maisons, nous prennent pour cible. Au même moment tombent trois des nôtres. Je vois les victimes et cette vue me déchire le cœur ; je m'élance en jetant un seul cri : vengeance ! — Mais la fusillade se ralentit, les Prussiens se replient ; on nous fait alors opérer un mouvement en dehors du village, pour tourner le gros de cavalerie et la compagnie de fantassins que l'on suppose dans Domart. Ce mouvement n'est pas assez rapide. Les ennemis occupent déjà une colline boisée, position magnifique qui protége leur retraite. On s'élance toutefois ; mais bientôt cet entrain s'arrête devant un ruisseau sur lequel une planche est jetée pour servir de pont. Ce pont trop primitif ne laisse passer qu'un homme à la fois. Le ruisseau n'est ni large ni profond ; je donne l'exemple et me précipite : j'en suis quitte pour avoir le pantalon mouillé ; mais dans de pareils moments on ne songe guère aux fluxions de poitrine et rien ne sèche plus vite un pantalon mouillé qu'un pas gymnastique en gravissant une colline, un jour de combat.

Je venais donc de recevoir ce qu'on est convenu d'appeler le baptême du feu. L'émotion fut moins vive que je m'y attendais. Je puis me rendre cette justice : ce jour-là je n'eus pas peur. Une sorte de colère, de fièvre d'indignation s'empara de moi, je sentis mes nerfs se raidir et devenir d'acier : la fatigue était oubliée et le sang-froid ne m'abandonna pas. En traversant un parc, je me rappelai que ce jour était celui de la Sainte-Catherine, date que la jeunesse a l'habitude de fêter. Je cueillis une fleur et l'attachai à ma boutonnière, en souvenir de cette date et aussi de ce jour de combat et de ce baptême de feu que je venais de subir. Le lendemain un mobile, anabaptiste de la guerre, écrivait à sa famille : « Je mets la main à la plume pour vous apprendre que *je viens de recevoir pour la seconde fois le baptême du feu.* »

Les Prussiens disparus, nous rentrons dans Domart, nous déjeunons ; nous éprouvons une première alerte et à la seconde nous remontons la route vers Roye. Ce fut de ce côté, à Mézières et à Beaucourt, qu'eût lieu la reconnaissance offensive dirigée par le colonel du Bessol. Les éclaireurs ennemis s'étaient retirés à l'approche de notre bataillon et n'avaient pas vu arriver obliquement, par le chemin de Villers-Bretonneux, une forte colonne française, composée d'artillerie, d'infanterie de ligne et d'infanterie de marine. Les deux autres bataillons de notre régiment assistèrent également à cette affaire.... Le succès de cette journée fut tout pour les Français ; les ennemis abandonnèrent, je crois, deux pièces de canon et éprouvèrent de fortes pertes. Ils furent obligés de se retirer rapidement dans la direction de Roye. Ce brillant combat, dans lequel l'infanterie de marine se distingua beaucoup, n'eut aucun résultat sérieux : presque toutes les troupes revinrent se cantonner près d'Amiens. Je crois, s'il m'est permis d'exprimer ma pensée à cet égard, qu'il eût mieux valu profiter du succès pour prendre position plus loin de la ville.

La grande bataille ne fut reculée que de quelques jours. Elle eût lieu le dimanche 27 novembre. On se battit sur tout le demi-cercle formé par Dury, Boves, Villers Bretonneux, et l'action prit le nom de bataille de *Villers-Bretonneux*, que l'histoire lui conservera. Cette bataille fut une défaite pour les Français. Vers quatre heures de l'après-midi l'aile droite commença à céder à Boves et à Dury. Une heure plus tard, la retraite était pleinement accentuée. Une correspondance adressée à l'*Echo du Nord*, émanant de quelqu'un qui prit une part active au combat de Villers-Bretonneux et par conséquent se trouvait à la gauche de l'armée française, dit ceci : « L'artillerie se mit en position et commença son feu dès le point du jour. Les pièces ennemies tonnaient déjà depuis quelques temps. Les tirailleurs se déployèrent immédiatement soutenus par un bataillon d'infanterie de marine qui, pendant toute la journée, montra une fermeté et un courage au-dessus de tout éloge. La plus grande partie des tirailleurs étaient des mobiles. Ils se comportèrent bravement, ne rompirent pas une seule fois leur ligne, avancèrent et reculèrent suivant les péripéties de la lutte, comme auraient pu le faire des troupes aguerries. Le combat dura de la sorte jusqu'au soir. A quatre heures nous avions repoussé l'ennemi et gagné du terrain. Notre artillerie, servie avec une bravoure et un talent extrêmes, avait produit des ravages considérables dans les masses ennemies qui, trouées de tous côtés par nos projectiles, malgré l'infériorité numérique de nos batteries, avaient dû se replier. A quatre heures et demie tous les feux étaient éteints, les tirailleurs s'étaient rassemblés, chacun faisait ses préparatifs de départ en se félicitant d'une victoire incontestable obtenue sans pertes trop sensibles. Nous n'attendions que l'ordre du quartier-général pour aller chercher la nourriture et le repos dont nous avions un besoin excessif. Une estafette arriva à bride abattue, échangea quelques paroles avec un officier d'artillerie et repartit. L'artillerie quitta aussitôt ses positions. »

Comment la victoire se transforma-t-elle en défaite ? — Les Prussiens suivirent leur tactique habituelle : ils ménagèrent leurs forces, ou bien reçurent des renforts considérables dans l'après-midi et alors reprirent fortement l'action sur toute la ligne. Voyant que notre droite était notre côté faible, ils opérèrent un mouvement pour nous tourner et forcer cette aile à plier. N'avaient-ils pas pour eux, outre la supériorité stratégique, la supériorité du nombre et de l'artillerie ? Il faut évaluer le total des forces engagées contre nous dans cette affaire à 50,000 hommes et 150 bouches à feu. Nous n'avions en ligne de notre côté que deux divisions possédant 6 batteries, c'est-à-dire environ 18,000 hommes et une artillerie insuffisante.

Des prodiges de valeur n'auraient sans doute pas empêché notre petite armée d'éprouver un échec. Que dire, si l'on considère que la plupart de nos soldats allaient au feu pour la première fois ? La correspondance de l'*Echo du Nord*, que nous avons déjà citée, nous dit : « Un épisode de la bataille donnera une idée de la valeur de nos troupes. A Boves, où l'on se fusillait à 500 mètres de chaque côté de la station ; les Français au nombre de 1800 ou 2000 (24ᵉ de ligne, 1ᵉʳ et 2ᵉ chasseurs à pied), ont repoussé 6000 Prussiens qui avaient huit pièces de canon. Les nôtres n'avaient pas d'artillerie. L'infanterie de marine, les matelots et l'artillerie ont fait l'admiration de l'ennemi. Les héros de la journée sont le colonel du Bessol et le commandant Houzellier, qui se sont conduits comme des chevaliers légendaires. » D'un autre côté, on rapporte qu'un bataillon de mobiles a fait carrément volte-face, et que certaines batteries de mobiles ont abandonné leurs pièces qui ont dû être reprises par les matelots. — Ces bruits ont été vivement contredits. — En admettant leur sincérité, ce ne serait pas un motif suffisant pour laisser sans excuse et sans pardon la défaillance de tout jeunes soldats qui n'avaient confiance ni dans les forces de l'armée dont ils faisaient partie, ni dans leurs chefs, ni dans leurs armes. Avait-on foi dans un général dont le nom fut synonyme de science et de victoire ? Ne mettait on pas (la fatalité l'avait voulu ainsi) entre les mains des mobiles une arme d'une qualité inférieure qui donnait à l'ennemi 500 mètres d'avance et ne procurait même pas la rapidité du tir, à cause des accidents si nombreux et si fâcheux qui arrivaient pendant l'action ? Enfin, la plupart des officiers et sous-officiers n'étaient-ils pas aussi conscrits que leurs hommes ? Pourraient-ils les diriger d'une façon sûre et ferme ? Avaient-ils sur eux une influence assez grande (je ne parle pas du courage : beaucoup n'en manquaient pas, par leur sang-froid et leur habileté pour se faire obéir comme ils devaient l'être ? — Il y a là beaucoup moins la faute des hommes que la force de la nécessité et le concours inouï de circonstances funestes. — Ne faut-il pas ajouter que les Amiénois ne sortirent point pour se joindre à l'armée qui défendait leur ville ? Je ne puis rechercher ici à qui la responsabilité en doit être attribuée. Ne faut-il pas dire encore que deux mitrailleuses restèrent sur une place d'Amiens, et qu'une batterie française, manquant de munitions, dût en envoyer chercher en ville, où l'on n'en trouva point ?

Après ces considérations générales et le récit de cette première bataille livrée par l'armée du Nord, je reviens à mes souvenirs personnels, aux faits et gestes de mon bataillon.

Dans la journée du 26, nous quittions le camp, laissant les bagages, les sacs, ne conservant que les musettes où se mettent les cartouches et les vivres qu'on peut emporter. Nous étions, en un mot, armés et équipés pour un jour de bataille. Nous fîmes route par Blangy, où se trouvait un escadron de gendarmes. Il nous fallut, pour arriver à Aubigny, passer sur une route nouvellement levée, détrempée par les pluies. Toujours je me rappellerai cet affreux chemin, ce terrain calcaire, cette boue blanche dans laquelle nous nous enfoncions jusqu'au genou. Il fallut les marais de Saint-Quentin pour me persuader qu'on pouvait faire plus mauvais chemin. Il était nuit quand nous arrivâmes à Aubigny, et l'on se casa le plus vite et le moins mal possible à la maison d'école et dans quelques fermes. Après avoir rédigé une omelette réconfortante, j'obtins un lit chez le maire du village.

Le lendemain, de bon matin, on se rassemble pour aller

prendre position à quelques kilomètres de là. Notre hôte nous offre l'eau-de-vie du combat et nous défilons, aux yeux des paysans inquiets et des filles du village qui nous témoignent leurs regrets.

Notre bataillon, en effet, renfermait de beaux *spécimens* de la forte race du Nord, et souvent, sur notre passage, nous saisissions des paroles, où se mêlaient l'admiration et la pitié. Arrivés dans un chemin creux, derrière le bois de Cachy, nous entendons le crépitement sinistre de la fusillade et bientôt le bruit sourd et encore lointain du canon. Le commandement de s'arrêter est donné ; puis, on pénètre dans le bois Une section de chaque compagnie commence à se déployer en tirailleurs. Le chef de bataillon me donne le commandement de la section de réserve, tandis que le lieutenant part en avant avec la première section. Nous restons ainsi cachés dans le bois jusque vers une heure de l'après-midi. La fusillade ne cessait qu'à de rares intervalles; elle était nourrie ; on aurait cru entendre l'épouvantable bruit des mitrailleuses. D'autre part, l'artillerie française tonnait ; l'artillerie ennemie, qui d'abord avait répondu faiblement, démasquait toutes ses bouches et faisait rage. Au milieu de ce vacarme, après avoir mangé un morceau de pain, je fumai deux ou trois cigares en causant avec les hommes, en les encourageant. — Bientôt on nous dit que les chasseurs à pied sont obligés de se replier sur nous ; nous entendons le sifflement des obus; quelques éclats tombent dans le bois. La première section était déjà partie dans la plaine ; nous la suivons en nous déployant comme elle en tirailleurs. Je fais déployer sur le centre de sorte que, comme nous nous trouvions entre les villages de Cachy et de Gentelles, ma section appuyait du côté de ce dernier village. Arrive au grand galop un général. (Etait-ce le général Farre, qui commandait en chef ce jour-là ?) Il s'écrie : « Que faites-vous là ? Il faut marcher entre le moulin qui est devant nous et Cachy » et, nous indiquant le village, « l'avantage est à nous. Il faut enlever le village de Cachy. » Immédiatement je fais obliquer à gauche, me porte moi-même en avant dans la direction indiquée et nous arrivons, au milieu des balles qui sifflent des obus qui bruissent, de sorte que les derniers hommes sont derrière le moulin de Cachy. On s'abrite alors, profitant des levées de terre faites par les paysans pour les besoins de leur culture. La fusillade a atteint son paroxysme, les balles tombent en face, derrière, de tous côtés. Une batterie ennemie est en face de nous, et nous voyons distinctement, à chaque décharge, huit lueurs sinistres ; un instant après, les obus, décrivant leur courbe, font entendre leur majestueux bruissement et tombent à notre gauche sur le village Bientôt des maisons brûlent près de l'église, on croit que c'est l'église elle-même. l'artillerie change son tir ; les obus se rapprochent de nous. Heureusement, la terre est si profondément détrempée par la pluie que les obus pénètrent sans éclater : ainsi un obus enlève une grande masse de terre devant un mobile et porte cette masse avec le mobile à un mètre en l'air. L'homme retombe sain et sauf, ahuri. — Sans cette circonstance, sur un terrain plus ferme, le bataillon était écrasé ; car les projectiles ennemis tombaient en telle quantité qu'un soldat de l'armée active nous dit qu'on ne vit rien de plus à Sedan. — L'ennemi se trouve encore à une trop grande portée ; les balles de nos fusils à tabatière ne l'atteignent pas efficacement. Notre commandant, dont j'ai déjà eu l'occasion de citer le nom, fait sonner en avant par le clairon (*) qui ne le quitte pas et partage ses périls. Intrépide, en avant de tous, le commandant regarde la position de l'ennemi et donne ses ordres, modère l'allure de son cheval, et, au milieu des balles et des obus, semble faire dans un champ une promenade sans danger. Cette attitude de notre chef impose la confiance et par l'exemple soutient tous les courages. Les deux premiers soldats de ma compagnie qui se lèvent pour marcher en avant retombent frappés à mort. L'un, marié et père de plusieurs enfants, dit : mes amis... au revoir ! Il n'est plus. — Il faut cependant traverser cette plaine ; tous marchent mais l'ordre se trouble. Moi-même je suis attardé par un soldat qui m'amène un prisonnier, un gros saxon, à la figure inintelligente qui pleure à chaudes larmes en défaisant son casque, qu'il prend sans doute pour une arme offensive ; à travers ses larmes il m'adresse ses objurgations : « *bounn camarate, bas capout ! bas capout !* » Je le console en lui disant que je ne suis pas si méchant et

---

(*) Le clairon Juglar.

que les Français ne font pas *capout* ceux qui se rendent.
Nous arrivons ainsi à Gentelles, près d'une mare et d'une
briqueterie ; la canonnade gronde toujours menaçant de
nous écraser ; mais le soir vient et l'action touche à son
terme. Je trouve là un officier de mon bataillon avec huit ou
neuf prisonniers parmi lesquels un officier et un sergent-
major. Je lui remets mon saxon, et il me demande pour
l'aider dans sa mission qui est de conduire ces prisonniers
à la citadelle d'Amiens. Nous prenons le nombre d'hommes
nécessaire, et, malgré la fatigue qui m'accable, j'accompagne
ce convoi de prisonniers. Cette mission n'était pas sans danger. Il nous fallut du sang-froid et de l'habileté pour l'ac-
complir. Nous ne rencontrions, il est vrai, aucune résistance
de la part d'hommes désarmés qui paraissaient enchantés
de s'être laissés prendre en s'apercevant que ce qu'on leur
avait conté de la cruauté des Français était un tissu de
mensonges. L'un des prisonniers avait même, malgré sa
faim, refusé d'abord le pain qu'on lui offrait, le croyant em-
poisonné ; il fallut y goûter pour le lui faire accepter. A une
certaine distance du champ de bataille nous voyions que les
Français étaient tournés, défaits ; nous apercevions distinctement le cercle de feu qui de Dury à Villers éclairait la victoire de nos ennemis. Nous marchions directement sur la
ville, tantôt à travers champs tantôt par les chemins que
nous connaissions ; sur une colline, l'artillerie prussienne
aperçut notre groupe et envoya de notre côté quelques
obus ; je vis le moment où nos Prussiens allaient être frappés

par des projectiles de leur nationalité. Enfin, nous approchions de la ville et nous pûmes interroger les prisonniers. Ils nous firent comprendre qu'ils devaient l'avantage à la supériorité numérique de leur artillerie : « *beaucoup... canonns!* » L'officier savait le français et avait acquis son grade pour cette seule raison qu'il avait voyagé en France. L'officier qui était chef de notre détachement se rappela l'avoir vu offrir chez lui les objets dont il faisait le commerce. — En ville, nous faisons monter les prisonniers dans un chariot que l'on nous prête et de cette façon nous les arrachons aux brutalités de la populace, qui, dans sa lâcheté et son ineptie, ne leur épargnait pas les insultes. Grâce à nos recommandations, les mobiles savent écarter les curieux. Sur notre route aussi on nous demande des nouvelles de la bataille ; nous répondons que l'issue en est encore douteuse. Malgré les bruits sinistres qui circulent, la ville a conservé encore en partie sa physionomie habituelle. Amiens se résigne à être un des centres de l'occupation allemande.

Nous arrivons à la citadelle épuisés de fatigue et remettons les prisonniers au commandant. Il me fut donc donné de voir cette petite forteresse qui tint malgré la défaite et l'évacuation de la ville, et ce commandant dont la défense, dont le trépas fut héroïque. Nous convenons d'un rendez-vous qui nous rassemble à l'aube et nous permette d'aller rejoindre le bataillon, et nous allons chercher un gîte, dans l'espoir que le lendemain nous trouvera assez forts pour prendre part à une nouvelle lutte. Nous avons vu des prisonniers ; nous ne voulons pas l'être à notre tour.

On me raconta le soir même une anecdote qui a trait à la bataille et qui se place naturellement après le récit de l'action. — En sortant du bois de Cachy, un caporal entend les balles bruire comme des abeilles autour d'une ruche ; effrayé, il se rapproche de son capitaine : « ils tirent sur nous ! — Qui donc ? — Les Prussiens. — Ils en sont bien capables. — Vrai ! ils tirent sur nous. A votre place, capitaine, je ne resterais pas ici. » Cette anecdote m'en rappelle une autre dont le héros, vrai ou imaginaire, serait un capitaine de la garde nationale de Solesmes. Appelé à la tête de ses hommes pour sauver la cause de l'ordre, à Paris, en juin 1848, il s'avance pour enlever une barricade ; les insurgés ont la maladresse de lancer quelques balles aux assaillants. Magnifique, le commandant se retourne vers les siens et s'écrie : « Ils tirent comme à balles ! Mes amis, retournons à Solesmes. » Et le demi-tour fut exécuté avec un ensemble admirable.

Un épisode moins gai nous fut également raconté plus tard. Les Prussiens deshabillèrent complètement un des hommes de notre bataillon qu'ils avaient fait prisonnier, le maltraitèrent et le laissèrent ensuite aller, par une température d'hiver, dans un état pitoyable.

Le 27, au milieu de la nuit, la générale bat. C'est l'ennemi. La bataille va recommencer. On se lève, on s'habille, on prend ses armes, on court. — « La ville est rendue » nous crie-t-on. Ce n'est pas au combat qu'il faut courir, c'est à la retraite.

Nous parvenons à nous rallier, sur les boulevards, à notre bataillon. Dans l'ombre, comme un torrent tumultueux, la colonne roule et se précipite sur la route de Doullens. On se compte, on se reconnaît, on constate avec joie qu'on est échappé au grand naufrage. Mais combien d'absents ! tous cependant ne sont pas perdus pour nous : l'un revient en marchand de charbon, l'autre en boulanger, un autre encore en faubourien, pour ne pas employer une expression plus triviale et autant que son costume hétéroclite lui permet de ressembler à quelqu'un. Ils se sont laissés surprendre d'abord par le sommeil, puis par l'ennemi envahissant la ville ; ils n'ont eu que le temps de se dépouiller de tous leurs effets militaires et d'implorer ou d'acheter les vêtements qui leur sont tombés entre les mains. Les Prussiens, nous disent-ils, sont magnifiques d'ordre et de gaîté triomphale.... Et nous ! *Nous effectuons notre retraite en bon ordre,* comme le dira encore le langage officiel, invariable malgré tous les changements politiques. On lisait à cette époque : « La retraite a été fort habilement opérée et s'est effectuée avec un ordre des plus remarquables. Le général Farre, qui a déjà fait preuve d'un grand talent d'organisation en faisant sortir le 22e corps du néant, a prouvé dans cette occasion qu'il avait non moins de valeur comme stratégiste. Il a fait battre en retraite juste à point pour éviter une déroute et il a eu la sagesse d'échapper à la tentation de se replier sur Amiens où ses divisions auraient été prises comme au trébuchet.

Grâce à son sang-froid, l'armée du Nord est intacte et couvre l'Artois et la Flandre. »

On entend des coups de feu. La colonne s'agite, se presse... Nous ne sommes pas attaqués : ce sont de jeunes soldats qui s'amusent à tirer des pigeons. C'est peut-être la faim qui les y pousse ; car la tête de colonne fait sur son passage le vide, la famine. A toutes nos demandes la réponse est d'une désespérante uniformité : *rien.*

On entend le canon. C'est la citadelle d'Amiens qui mitraille les Allemands et protége notre retraite. Cette résistance n'eut pas une longue durée. Le commandant de la citadelle reçut un coup de feu. Par qui ?.... Avec lui mourut la défense d'Amiens. On prétend aussi que, voyant l'inutilité de ses efforts, il se brûla la cervelle, pour n'avoir pas à rendre la place.

Malgré la fatigue, on pousse jusqu'à Beauval, et là, on peut, si on se remue, obtenir la nourriture et le repos si nécessaires pour réparer nos forces épuisées. Le lendemain, une forte étape nous amène sous les murs d'Arras. Notre bataillon va cantonner à Saint-Nicolas. Quel triste séjour, plus triste peut-être que la bataille, nous fîmes dans ce faubourg ! Sans tenir compte de ce que les hommes avaient abandonné, tous nos bagages étaient perdus, pillés par la populace d'Amiens faisant cause commune avec l'ennemi. Il fallut donc s'occuper à faire des états de pertes ; il fallut commencer l'œuvre de la réorganisation. Les appels étaient lugubres : un tel, tué.... un tel, blessé et prisonnier.... un autre, *disparu*.

Quand on nous communiqua l'ordre de départ pour Valenciennes, cette nouvelle fut si bien reçue que quatre heures d'attente à la gare d'Arras, par un froid humide et pénétrant, furent supportées sans impatience.

CHAPITRE VII.

Pont-Noyelles.

> « Ils devaient surtout éviter les plaines, où ils pouvaient être enveloppés et accablés par le grand nombre et où ils couraient le risque de succomber, non par la valeur de l'ennemi, mais par leur propre lassitude, parceque si les Perses avaient le moyen de s'élargir, ils auraient de quoi fournir continuellement de nouvelles troupes pour le combat. »
> Quint. Curt. lib. III. C. VIII.

SOMMAIRE :

Réorganisation du 46° mobile à Valenciennes. — Les élections des officiers. — Nouvelles de Paris et de l'armée de la Loire. — Idées sur la défense nationale. — Départ pour Saint-Quentin. — Les prisonniers prussiens — Démonstration sur La Fère. — Ham. — La Tour de Nesle. - Espoir — Notre itinéraire. — Le château de Coisy. — Montigny. — Les journées du 23 et du 24 décembre. — Noël. — L'erreur. — La ligne de la Scarpe ; Rœux.

Quand nous arrivâmes à Valenciennes, il était nuit. On nous fit ranger sur la place, et attendre, — toujours attendre. Rien, du reste, n'était préparé pour nous recevoir. Les hommes dûrent se tenir, pour passer cette nuit d'hiver, dans des écuries du quartier de cavalerie.... et pas même une botte de paille. On s'étonnera ensuite des mauvaises volontés qu'on rencontra chez les mobiles, de la peine qu'on eut à en faire des soldats. Ne faut-il pas plutôt s'étonner de la patience que témoignèrent ces hommes, citadins et paysans, soutenus soit par le sentiment profond du devoir, soit par l'habitude de l'obéissance, le respect de l'autorité.

Heureusement je me souvins que j'avais à Valenciennes des parents, je puis dire, ce qui vaut mieux encore, des amis. Je trouvai chez eux une cordiale hospitalité, dont j'usai le plus possible. Mon arrivée, au milieu de la nuit et dans un costume qui ne respirait pas l'élégance, ne fut pas sans paraître étrange, dramatique. Je fus en effet, pour mon cousin l'avocat, l'homme fatal : je tombais comme une bombe au lendemain de la défaite ; aussi, me dit-il un jour, au moment des adieux : au prochain désastre.—Nous discutions ensemble les nouvelles politiques et militaires ; nous parlions aussi un peu du barreau dont je me trouvais bien éloigné. Du reste, les audiences étaient presque toutes des audiences *blanches*, les avocats étant occupés, en qualité d'artilleurs de la garde nationale, à étudier le *droit canon*, comme le disait spirituellement mon parent.

On nous casa tant bien que mal ; on s'occupa de compléter l'armement, l'équipement ; on organisa les compagnies de marche : deux compagnies par bataillon furent laissées en réserve, ne nous suivirent pas à notre départ de Valenciennes. On ne les revit que sur le champ de bataille de Saint-Quentin.

Il fallut aussi reformer les cadres. M. Testelin, commissaire de la défense nationale, envoya une circulaire, dont je regrette de ne pas me rappeler les termes, annonçant l'arrivée du général Faidherbe à la tête de l'armée du Nord, et l'élection des officiers subalternes par les compagnies, dans la garde mobile. L'espoir accueillit la première mesure ; la seconde fut discutée avec vivacité. Quelques esprits susceptibles y virent une injure au corps des officiers, à l'armée elle-même, un coup fatal porté à la discipline. D'autres lui firent le seul reproche d'arriver trop tard. On pouvait dire encore que le cadre des officiers était formé, presque intact, et que des changements avaient le tort considérable de désorganiser, au moment même où on avait le plus besoin de cohésion. Si on voulait assimiler complétement la garde mobile à l'armée active, il fallait repousser le système électif, quoique, lorsque les grades sont acquis sans intrigue de la liberté du vote, ils donnent sur les hommes une autorité au moins égale à celle qui dérive d'un choix plus ou moins bien justifié. Le but cherché par l'organisation de la défense dans le Nord fut, selon moi, de faire rejeter par un vote les officiers qui ne s'étaient pas montrés à la hauteur de leurs fonctions et de les faire remplacer par des hommes qui auraient sur leurs subordonnés une plus grande influence morale. On reconnaissait que la discipline n'était pas assez forte dans les rangs de la mobile ; il fallait la remplacer par la confiance et l'entrain, fruits d'une organisation démocratique. Il faut avouer qu'en général ce but ne fut pas atteint : les officiers que l'administration supérieure avait le devoir de casser, en admettant qu'il existât de pareils officiers, furent sans doute élus, s'ils jouissaient auprès de leurs hommes d'une popularité qui n'est pas inséparable du courage et de la capacité.

L'agitation fut énorme ; on fut, pour un moment, en pleine anarchie. Les anciens officiers récriminaient ; les sous-officiers se remuaient pour eux ou pour leurs amis ; les soldats se concertaient et pour la plupart se réjouissaient des nouveaux droits qui leur étaient conférés. Les changements cependant ne furent pas très-nombreux. Plusieurs officiers, qui n'étaient pas liés au service dans la garde nationale mobile, eurent, malgré les terribles circonstances que l'on traversait, le courage de donner leur démission, sans doute pour ne pas subir un vote qu'ils considéraient comme un affront. Des gens mal inspirés virent dans cette raison un prétexte, comme dans la question de susceptibilité personnelle qui avait, dès notre organisation au chef-lieu de l'arrondissement, motivé la démission d'un capitaine de notre bataillon. Les mêmes gens mal inspirés furent très-reconnaissants envers les militaires expérimentés et courageux qui ne virent pas l'affront, mais le danger de la patrie, et consentirent à continuer à nous diriger. (*)

Je dois me récuser, s'il s'agit d'apprécier les choix du suffrage universel : je suis moi-même un produit de l'élec-

---

(*) Entre autres, MM E de Lalère-Laprade, Gastumeaux, Soum, tous trois décorés de l'ordre de la Légion-d'Honneur, pendant la campagne.

tion. Elu sous-lieutenant le 10 décembre, je fus, un mois après, nommé lieutenant, sur la proposition du lieutenant-colonel de notre régiment.

Pendant notre séjour à Valenciennes, M. Gambetta, dans un style dithyrambique que tout le monde se rappelle, annonça à toute la France la victoire de Paris, la sortie de Champigny, les combats glorieux des 29, 30 novembre et 2 décembre, le passage de la Marne devant l'ennemi par le général Ducrot.—Enfin, voilà la véritable guerre qui commence ; la France se retrouve ; tout le monde va se porter à la fois contre l'implacable ennemi ; l'armée du Nord à son tour va prendre part à cette lutte gigantesque. Tous les visages sont rayonnants, les cœurs brûlants d'enthousiasme et de patriotisme : le succès fait vibrer encore une fois la fibre intime qui fait oublier le danger, désirer la lutte. Oui, c'est la France qui se retrouve.... Vain espoir ! Aux longues dépêches succède un silence inquiétant, à la joie, le doute. Puis, on apprend de désastreuses nouvelles : la rentrée de l'armée de Paris dans ses premières lignes et la défaite de l'armée de la Loire, ainsi annoncée par le comte de Moltke au général Trochu : « Il pourrait être utile d'informer Votre Excellence que l'armée de la Loire a été défaite hier, près d'Orléans, et que cette ville est réoccupée par les troupes allemandes. »

L'abattement remplace définitivement l'espérance. On se demande avec anxiété si la lutte, encore possible, est encore utile.

Pour moi, quoique je reconnaisse ma parfaite incompétence, j'ai toujours cru que la défense nationale se fourvoyait. Paris devait donner à la Province le temps de s'organiser, devait s'occuper tous les jours de sa propre défense, et attaquer l'ennemi ; mais, avant d'entendre le canon d'une armée de secours, il ne fallait pas songer à une sortie générale devenue impossible.

La Province devait moins s'occuper de sa propre défense que d'écraser les Allemands sous les murs de Paris. Que fallait-il pour cela : une armée, deux au plus, l'une au Nord, l'autre sur la Loire. Pour former ces armées, il fallait prendre l'artillerie et la cavalerie disponibles, les corps d'infanterie les mieux formés, les plus exercés. Hors de ces armées d'élite, de 100 à 150,000 hommes chacun, que toutes les provinces non envahies pouvaient aisément fournir par terre et par mer, on aurait maintenu de petits corps qui, dans une lutte presque continuelle avec l'envahisseur l'auraient inquiété et empêché de se répandre partout, pendant qu'eux-mêmes se seraient organisés complétement et aguerris tous les jours.

Il fallait encore appeler et instruire la classe 1871, en même temps que la classe 1870, puisque l'Allemagne demandait jusqu'à ses enfants ; mais ne pas lever en masse les mobilisés, bien moins faciles à organiser et à exercer que les soldats et les mobiles. On ne pouvait, du reste, ni les loger, ni les nourrir, ni les armer, ni les équiper d'une façon suffisante, c'est-à-dire, qu'à parler d'une manière tout-à-fait générale, on avait en eux une troupe plus nuisible qu'utile, une masse d'hommes qui dans les villes et les villages d'où on l'avait tirée, servait bien mieux la patrie en empêchant de râler leur dernier souffle le commerce et l'industrie. Chez eux, les mobilisés auraient pu constituer une bonne garde nationale. Ces critiques sur l'organisation et le rôle de la garde nationale mobilisée se retrouvent dans une remarquable brochure du colonel Bell, que tout le monde a lue. (*)

L'œuvre de reconstitution se terminait à peine ; il fallut partir. Arrivés à Saint-Quentin par le chemin de fer, nous vîmes au débarcadère les traces des balles et des boulets. Brave et malheureuse ville de Saint-Quentin, tu étais donc destinée à toujours être la victime pantelante et frémissante de l'inexorable ennemi, un jour luttant, un autre jour pleurant ta défaite, un autre encore accueillant à bras ouverts l'armée libératrice pour retomber plus lourdement et subir de nouveau les honteuses violences du vainqueur. Au moment de notre arrivée, la ville était remplie de troupes françaises. On annonçait de nouveaux renforts, un corps composé de turcos et de spahis venant d'Algérie. Il est inutile d'ajouter que ce fut là une des mille illusions de l'espoir.

Le lendemain, deux compagnies de notre bataillon allèrent chercher à la maison d'arrêt et escortèrent jusqu'à la gare,

---

(*) Quant au plan de la Défense nationale, dès le 25 septembre, Edgar Quinet le déduisait logiquement de la terrible situation faite à la France. (Le siège de Paris et la Défense nationale, pages 21 et suivantes).

d'où on devait les envoyer à Lille, un assez grand nombre de prisonniers prussiens qui étaient tombés entre les mains des Français, à la reprise du fort de Ham. Ce coup de main habile avait été pour les Prussiens une véritable surprise. Parmi les prisonniers, on remarquait beaucoup d'employés d'administration qui d'ordinaire restent plutôt sur les derrières de l'armée qu'en avant. Ce défilé entre deux haies de baïonnettes, dans les rues d'une ville exaspérée, devait être pour ces hommes profondément triste et humiliant. La population reconnut en tête des prisonniers un commandant qui, lors de la première occupation de Saint-Quentin par les troupes allemandes avait ordonné de mettre le feu à une maison. On criait : A mort, l'incendiaire ! l'assassin ! Des enfants lui jetaient des pierres. Il fallut l'énergie de l'escorte pour le soustraire aux effets de cette indignation jusqu'à un certain point légitime.

Le même jour, nous nous portions sur la route de La Fère et nous nous arrêtions à Vandeuil, dont les habitants se montrèrent pour nous pleins d'obligeance et de bonté. C'est là un nom d'étape que la reconnaissance a gravé dans nos mémoires.

Pour tout le monde, nous opérions une marche en avant dans un pays que l'ennemi abandonnait, soit qu'il fût obligé de se retirer sur Paris, soit que la tactique de notre général l'eût trompé. La lettre que j'écrivis à mon père lorsque j'étais de grand'garde à Vandeuil, réflétait la résolution et l'espérance communes, je disais : « Nous allons à La Fère ; bientôt cette place sera entre nos mains. » La Fère, que les

Français, mal dirigés, trahis même parfois par leurs compatriotes, n'avaient pu dégager, La Fère qui n'avaient pu empêcher les Prussiens d'établir leurs formidables batteries et qui avaient dû céder devant le génie de la destruction, La Fère comptait sur nous. Mais étions nous en forces, avions-nous ce qui est nécessaire pour faire le siège d'une place et l'emporter ? Et quelle différence de situation ! Les Prussiens brûlaient nos villes ; et nous, nous devions nous attaquer aux remparts seuls. Cependant les habitants pouvaient faire un effort contre une garnison peut-être peu nombreuse : on devait tenter cette chance et on fit sur La Fère une démonstration. Le canon français gronda : les batteries ennemis se turent. Nous campâmes la nuit sous le feu de la ville et quelques uns de nos postes, à Trafcy, étaient si près des Prussiens que nos hommes entendaient les sentinelles des remparts causer et allumer leurs pipes.

Le lendemain, de grand matin, nous quittions les positions. Notre itinéraire nous fit voir Saint-Simon ; Ham, retombé si récemment et si glorieusement entre les mains des Français, et qui rappelait à tous les souvenirs la captivité du sinistre vautour qui partit de Boulogne pour s'abattre à Sedan ; Hombleux, Nesle, où bien des mobiles cherchèrent des yeux, sans la trouver, la fameuse tour ; Chilly, Rozières, Harbonnières, Bayonvillers. A Hamel, les officiers du bataillon trouvèrent un excellent déjeuner préparé pour des officiers d'un bataillon de la ligne qui prenait une autre direction. Notre hôte fut charmant, et pour comble de bonheur, nous annonça une grande nouvelle, venue de source certaine : Paris tout entier était sorti une seconde fois, avait culbuté les armées allemandes, mises en pleine déroute ; Bismark était prisonnier et le roi Guillaume fuyait avec les débris de son armée que nos armées de province allaient concourir à écraser définitivement. — Le doute subsistait dans quelques esprits, mais l'affirmation était si complète, les détails si précis qu'on ne pouvait s'empêcher de croire, en attendant une confirmation qui ne pouvait tarder, à des nouvelles si conformes à notre intime espérance.... La confirmation ne vint pas.

Notre marche sur Amiens se poursuivit par Corbie, et nous amena à Longueau. Nous nous attendions à entrer à Amiens en libérateurs, en vainqueurs. Mais la citadelle, qui naguère avait protégé l'armée française la menaçait maintenant. Quelques coups de canon furent échangés, puis nos colonnes s'ébranlèrent pour tourner la ville. On dit qu'une députation amiénoise vint trouver notre général et le supplier de ne pas entrer en ville. Le général prussien, commandant la place, avait en effet publié un placard par lequel il menaçait de bombarder la ville si un seul soldat français y entrait. Nous suivîmes la ligne du chemin de fer, et, après une marche qui nous sembla très-longue, nous arrivâmes à Coisy.

Les officiers du bataillon furent presque tous logés au château de Coisy. Les maîtres étaient absents, ce qui ne nous empêcha pas d'être reçus comme des amis de la maison, des hôtes attendus. Quelles bonnes soirées nous avons passées dans ce vieux château ! Quelles discussion sur la meilleure manière de s'emparer de la citadelle d'Amiens, si gênante alors pour nous ! Que de bons mots ! Que de piquantes réflexions ! Le devoir militaire nous éloignait parfois du commun rendez-vous. La grand'garde demandait nos soins vigilants pendant vingt quatre heures et une nuit d'insomnie.

Je fus de grand'garde à quelques kilomètres de la ville et de la citadelle. Comme il était très-difficile de se nourrir où nous étions en observation, j'avais obtenu la permission de laisser le commandement pendant une heure à un sous-officier, pour revenir dîner au château. J'en fus bien heureux, car la maison qui nous servait d'abri n'était guère attrayante, occupée par une vieille femme dans un état continuel de folie ou d'ébriété. En arrivant près de Coisy, j'entends une balle siffler très-près de l'oreille. Serait-ce un prussien en chasse, une embuscade ? Non, c'est un mobile qui tire des pigeons. Quelques centimètres de plus et j'étais abattu comme tel. C'était un jour aux aventures. Quand je revins, la nuit tombait, et, dans l'obscurité, au milieu d'un pays peu connu, je perdis le sentier qui me conduisait à mon poste. Me voilà égaré dans une vaste plaine ; j'entends le galop d'un cheval. On arrive sur moi. J'arme mon révolver et j'attends. — Qui vive ? — France. Ce cavalier, qui selon moi ne pouvait être qu'un hulan, était un artilleur porteur de dépêches, et qui, chose remarquable, avait oublié le mot de passe.

Ce même jour les hulans vinrent à quelques centaines de mètres de notre poste et très-près de la dernière sentinelle avancée. Nous étions loin du village, près de la citadelle et sous son feu, sans être cependant en vue, grâce à un repli de terrain Les hulans venaient de temps à autre pour examiner nos positions, *quærentes quem devorent.* Les Français faisaient des contre-reconnaissances. Un escadron de gendarmes passa en vue de notre poste, mais aussi en vue de la citadelle. Ils durent prendre le galop après avoir essuyé quelques décharges d'artillerie.

Nos positions n'étaient pas bonnes et chaque jour l'ennemi recevait des renforts. Il fallait s'attendre à la bataille et agir de façon à résister utilement. Aussi, nous reçumes l'ordre de quitter Coisy pour Montigny. Là, nous pouvions nous retirer derrière une petite rivière, la Lue ou l'Hallue, et nous avions derrière nous de fortes collines, magnifiques positions d'artillerie Notre plan de bataille ne permettait pas à l'ennemi de nous envelopper, quelle que fût sa supériorité numérique.

Montigny! Ce nom nous rappellerait de si bons souvenirs, si nous n'avions pas perdu tant de nos camarades! Quelle hospitalité généreuse et affable nous avons trouvée chez ce fermier aux mœurs patriarcales qui accueillit notre compagnie toute entière. Nous remplissions toute cette maison, nous avions besoin de tout, et jamais aucun reproche, aucune plainte, mais des attentions délica'es, une parfaite cordialité. Des lits aux officiers, des matelas aux sous-officiers, les granges pour les soldats ; tous les foyers allumés; le bois fourni à profusion pour le camp volant établi dans la prairie. Voilà ce que nous ne pouvons oublier, d'autant moins que c'était plus rare M. Wartel, — il me pardonnera de dire son nom, — nous a réconcilié avec le département de la Somme.

Hélas ! notre nombreuse et joyeuse colonie n'eut pas de bonheur. La mort a fauché bien des épis dans cette gerbe. Votre hôte se rappelle vos caractères et vos visages, mais vous ne pouvez point raconter ces quelques jours de calme passés dans la demeure d'un véritable patriote, vous, lieutenant, sergent, caporal, tombés glorieusement à Béhancourt, vous, sergent, (*) frappé en plein front à la bataille de Saint-Quentin. Vous étiez plein de vie et plein de cœur, et vous n'êtes plus !.... Vos amis, vos compagnons d'armes, ne v us ont pas oubliés.

Le 20 décembre, si ma mémoire ne me trompe pas, eut lieu du côté de Querrieux une escarmouche, dans laquelle les Français eûrent l'avantage. Le 21, nous prenions une première fois position sur les hauteurs. Le lendemain, les places des différents corps de l'aile droite étaient changées et nous occupions les rives de la Lue, dans le bas du village de Béhancourt. Il faisait un froid intense qu'il nous fallut supporter pendant de longues heures, disposés en tirailleurs,

---

(*) MM. Motte, Ledoux, Baudin, Moucheron...

comme si nous attendions l'ennemi. Mais, le soir, nous rentrions encore une fois chez M. Wartel, qui, le matin, avait versé de chaudes larmes en nous voyant partir. Il n'avait pas d'espoir en la lutte prochaine, et son cœur saignait à l'idée de recevoir les Prussiens à la place où il était si heureux de nous conserver. Le lendemain, une reconnaissance signalait les ennemis, nous allions reprendre les positions de la veille, et notre hôte, habitué aux alertes, nous disait : vous nous reviendrez. — Non, nous ne devions pas revoir Montigny, et la terre glacée et sanglante devait être la couche de bien des nôtres.

Je ne raconterai pas la bataille de Pont-Noyelles. L'histoire de la *Campagne du Nord* par notre général en chef va paraître, et c'est à cet ouvrage que les personnes qui veulent connaître la bataille doivent se reporter. Quant à moi, je ne puis que dire : nous étions là ; voilà ce que j'ai vu.

Plusieurs personnes ont reproché à cet opuscule le grand rôle qu'y joue la personnalité de l'auteur, *le moi haïssable*. S'il m'est permis de répondre à une critique, je dirai que c'est là un vice inhérent à tous les mémoires, à tous les souvenirs. Ces révélations sont-elles inutiles et manquent-elles d'intérêt, voilà la base qu'il faut prendre pour condamner sans appel. Sans doute je fais ma propre histoire, mais je la fais, non pas parcequ'elle est mienne, mais parceque, malgré quelque différence dans les détails, elle est celle de tous ceux qui ont suivi la même fortune, qui ont fait la même campagne.

Le 23 décembre, nous nous trouvions, vers huit heures du matin, dans une belle position de tirailleurs, derrière une petite rivière ou plutôt un ruisseau bordé de peupliers. Nous n'avions pas déjeuné et nous étions partis trop précipitamment pour prendre des vivres. Nous demandâmes à un paysan qui travaillait dans un champ d'aller chercher à Montigny, chez M. Wartel, le déjeuner qui était préparé pour nous Il se chargea de notre commission, mais ne revint pas. Il était facile de donner une explication à cette absence prolongée : les Prussiens s'étaient-ils déjà emparés de nos provisions ?

La section que je commandais était à la droite de la position. Un pont qu'il aurait fallut défendre contre l'ennemi arrivant en face se trouvait à la gauche de la section. Ce pont avait été coupé la veille et était couvert par deux gros peupliers qu'on avait abattus dans le but de rendre le passage impraticable pour la cavalerie et l'artillerie ennemie. Un autre pont se trouvait sur notre côté droit, mais on ne l'avait pas coupé, attendu qu'un bataillon de mobiles occupait les hauteurs de Beaucourt et formait ainsi l'extrême droite de l'armée. La fusillade commença du côté de Beaucourt et dura environ une demi-heure.

Mais bientôt nous devons nous occuper de nous-mêmes. Sur la hauteur, devant nous, paraissent des cavaliers prussiens. L'action s'engage. L'infanterie ennemie paraît à son tour en colonne serrée et malgré notre incessante et redoutable fusillade descend la colline. Est-ce un ou deux bataillons prussiens que nous avons devant nous ? Nous ne nous faisons pas encore cette question. Nos tabatières font des trouées parmi ces soldats au vêtement sombre, au casque pointu et étincelant. On les voit tomber. Prennent-ils la position du tireur à genou ou couché ? Non, ils tombent pour ne plus se relever. Mais leurs colonnes avancent toujours et ces hommes poussent des hurras épouvantables. Je m'aperçois alors que nous sommes débordés et pris dans un feu croisé. Les Prussiens entrent dans les maisons de Montigny et y pratiquent des meurtrières ; ils vont passer par le pont resté libre. Les mobiles qui étaient à l'extrême droite ont lâché pied et notre ligne si mince de tirailleurs se trouve découverte et abandonnée. Les soldats de la ligne qui sont derrière nous ne nous soutiennent pas et l'artillerie française n'atteint que les masses éloignées. Les Prussiens qui arrivent en courant nous prennent sans doute pour des fuyards ralliés derrière la Lue, ce qui explique leur entrain que suffirait à justifier leur confiance dans le nombre. Je vois que nous allons être enveloppés et tous prisonniers ou fusillés ; je commande de battre en retraite jusqu'à un fossé qui se trouve perpendiculaire à notre première position, sur la même ligne que le pont dont j'ai parlé tout-à-l'heure et qui nous séparait du reste de la compagnie. Au même moment un commandant de cavalerie prussienne s'avance de notre côté et s'écrie, en assez bon français : « mobiles rendez-vous ! » Le clairon de la compagnie (*) lui fait une courte

---

(*) M Marat, Emile.

mais éloquente réponse, une balle qui jette à bas de son cheval l'imprudent officier.

Il nous faut prendre une troisième ligne, une haie près du cimetière et du château de Béhaucourt. Là, se trouvent déjà nos camarades. Je me porte à l'angle de cette dernière position. Quelle fusillade ! Voyez le pignon de la maison voisine : pas une brique qui ne soit martelée par les balles. Quelle lutte ! La lutte de jeunes soldats contre des troupes nombreuses et aguerries, la lutte du cent contre le mille, de un contre dix et vingt Et quelle constance ! Les mobiles restent-là, attendant d'être relevés par d'autres troupes, des heures entières, jusqu'à l'épuisement presque complet de leurs munitions. On entend les cris déchirants des blessés et des mourants ; on n'écoute aucun cri, aucun appel : on tire, si on peut encore tirer. Lorsque les Prussiens voient deux hommes l'un près de l'autre, combien de fusils à aiguille sont dirigés sur ces têtes, sur ces poitrines ! jeune sous-lieutenant, (*) mon compatriote, n'est-ce pas ainsi que vous êtes mort, dans cette terrible journée ? n'êtes-vous pas tombé victime de votre compassion ? — Un homme de la première compagnie, blessé à la cuisse, se traîne au milieu du champ pour trouver un abri ; il gémit, demande du secours. Il arrive près de nous ; un caporal va pour le soutenir ; ils tombent tous deux : le blessé, blessé une seconde fois, plus grièvement, son camarade, également atteint.

(*) M. Rousseau, Emile.

Un petit chien blanc, qu'on appelle *Bismark* ou le chien du bataillon, traverse cent fois ce champ et n'est point touché. Il semble qu'il comprend ce qui se passe : il étanche le sang qui coule des blessures, ranime le courage des uns, approuve la valeur des autres; il est infatigable. Pauvre petite bête ! sans doute tu as fini par rencontrer une balle meurtrière, car tu nous serais revenu, tu aurais encore suivi ceux qui te donnaient du pain et une caresse.

Le soir arrive, personne ne vient relever ce bataillon plus que décimé, écrasé. Notre colonel vient nous dire de rester encore ; Il donne ses ordres et passe le long du mur du château de Béhaucourt, affrontant mille morts ; il semble invulnérable : aucune balle ne l'atteint directement ; aucune balle, rebondissant contre le mur, ne lui fait la moindre blessure. Cependant les munitions manquent, il va falloir se retirer. A ce moment arrivent des mobilisés armés de chassepots, mais ils ne prennent pas la place que nous quittons et semblent nous reprocher une lâcheté. Quelques-uns le disent tout haut. Pourquoi n'ont-ils pas eu l'inspiration de nous donner et ces armes perfectionnées et ces munitions qui nous manquaient, pour prendre en échange et le droit de se replier, et nos armes détraquées et ces cartouchières vides ?

Si le moment n'avait pas été si critique, si terrible, on aurait ri de voir, à côté de chefs réellement courageux, des bravaches couverts de galons, oublieux de leurs fonctions, complètement ivres, déchargeant au-dessus de leurs têtes des révolvers certainement inoffensifs pour les Prussiens, mais qui pouvaient ne pas l'être pour les voisins. — Où sont-ils ? nous demandent-ils.—Où sont-ils ? répétaient leurs hommes. Sans pouvoir faire le moindre mal à l'ennemi, ils recevaient des balles, et sur une position plus élevée, les obus jetaient le désordre dans leurs colonnes.

Narrateur fidèle et impartial, je dis ce que j'ai vu, n'accusant personne, excusant plutôt ; mais je veux rendre justice au premier bataillon des mobiles du Nord. Si, comme les mobilisés qui arrivaient, ils manquaient alors d'ordre et d'énergie, c'est qu'ils avaient, eux, lutté toute une journée sans manger, c'est qu'ils avaient fait tout leur devoir et manquaient de cartouches.

On essaya de rentrer dans le village à la baïonnette. Mais, loin de nous servir, le tardif renfort que nous avions reçu avait jeté le désordre parmi nous. Tout fut inutile. Les Prussiens, du reste, étaient déjà dans le village en masses énormes. On se retira sur la route de Franvillers. La nuit était venue. Les retardataires furent faits prisonniers par les Allemands (Saxons et Poméraniens). Quelques hommes ne trouvèrent pas grâce devant des barbares ivres de vin et de carnage et furent percés de plus de vingt coups de baïonnette.

Les vainqueurs de Béhancourt chantaient la *Marseillaise* en se répandant dans ce malheureux village et en le pillant ! Leurs sentinelles répondaient en français à nos soldats et en faisaient tomber un certain nombre dans un odieux guet-à-pens ! Nuit sinistre ! tristes souvenirs !

Notre bataillon se reforma à Franvillers. Heureux ceux qui purent trouver un gîte ! Des mobiles qui étaient entrés pans l'eau glacée de la Lue n'eurent d'autre foyer pour réchauffer leurs membres engourdis et faire sécher leurs vêtements que les ruines fumantes d'une maison incendiée.

Le 24 décembre, de grand matin, la bataille recommença. On avait distribué des cartouches aux mobiles qui avaient employé une partie de la nuit à nettoyer leurs armes et à les réparer autant qu'il leur était possible de le faire. La place de bataille assignée à notre bataillon était un bois situé sur une colline très-élevée dominant Béhancourt. Nous étions en réserve ; à notre tour nous n'étions plus acteurs, mais spectateurs de la lutte, attendant, il est vrai, les obus prussiens, ou bien l'ordre de quitter nos positions pour prendre part à l'action.

Le froid était excessif, la terre, blanche comme un linceul ; nous ne pouvions allumer de feu et nous n'avions pour nous soutenir qu'un peu de pain glacé. Et pourtant nous supportions ces douleurs et ces misères avec cette sorte de stoïcisme ou plutôt d'insouciance qui caractérise le français et l'abandonne rarement. Des mobiles trouvèrent gisant un cheval tué la veille ; en un clin d'œil l'animal fut dépécé et ces hommes affamés se partagèrent cette viande qu'ils dévorèrent à moitié crue.

Quand j'eus mangé assez pour ne pas mourir de faim dans la journée, j'allai à la lisière du bois contempler le spectacle imposant qui s'offrait aux regards. C'était bien ce soleil de décembre que nous aurions appelé, si nous avions remporté une victoire décisive, le soleil d'Austerlitz. Malgré le froid, cette journée était splendide : on sentait que la nature n'était qu'engourdie ; la vie était partout, et nous étions témoins d'une scène grandiose mais terrible, d'une œuvre de destruction, au bruit sourd des grosses pièces de marine, au bruit plus déchirant des petites pièces de montagne.

A nos pieds, les chasseurs de Vincennes disposés en tirailleurs soutenaient héroïquement la fusillade de l'ennemi mieux abrité. Plusieurs eurent les pieds gelés et le froid leur était rendu tellement intolérable par l'inaction que plusieurs furent tués parce qu'ils s'étaient levés pour battre la semelle. — Le canon prussien ne répondait pas, tandis que nous voyions les projectiles de nos pièces aller atteindre en face de nous, à des distances considérables le noir serpent des bataillons allemands, le couper et cribler ses tronçons. Notre artillerie, admirablement servie, dût ce jour-là infliger à l'ennemi des pertes considérables. Elle empêchait en même temps l'artillerie ennemie de mettre ses pièces en batterie.

Cependant les Prussiens accentuaient sur notre droite leur mouvement tournant et ne laissaient devant nous qu'un rideau de troupes qui se livraient à des évolutions multipliées. Sans doute notre général s'aperçut de cette tactique et essaya de s'y opposer. Vers le soir, malgré l'avantage marqué que nous avions remporté dans cette journée arriva l'ordre de se replier. Mon capitaine me fit part de ses prévisions : nous battions en retraite pour échapper au piége tendu à notre petite armée. Il ne se trompait point. Du reste, le but cherché était atteint. Quel était, en effet, le rôle de l'armée du Nord ? Tenir en échec une armée prussienne considérable, la tromper par ses manœuvres, lui livrer bataille dans des conditions favorables. Qui n'a déjà vu un chien de petite taille, mais plein de hardiesse, s'attaquer à un dogue énorme, aux crocs redoutables ? Le roquet attend le moment propice, se précipite et blesse le molosse. Celui-ci ramasse toutes ses forces, saisit son adversaire et le lance en l'air ; mais le petit chien sait retomber adroitement et revenir à la charge contre le dogue qui croyait en avoir fini avec lui. Le dogue prussien reçut à Villers-Bretonneux, à Pont-Noyelles et à Bapaume de cruelles blessures. — Nos adversaires de Pont-Noyelles se souviennent des mobiles du premier bataillon du Nord : quand l'armistice leur permit de les rencontrer, ils les reconnurent et les respectèrent, quoique ces mobiles, qu'ils disaient *méchants*, ne fussent plus armés que du bâton de route.

Nous passâmes la nuit de *Noël* à Forceville. Je fus logé avec plusieurs officiers chez un digne prêtre qui nous fit faire un repas réconfortant. Sans doute il aimait *le Roi* et ne pouvait entendre parler de Gambetta, mais il faisait taire tout autre sentiment pour recevoir avec cordialité ces enfants de la France qui ne se battaient ni pour un homme ni pour un principe politique, mais pour la cause sacrée de la défense du pays.

De Forceville nous allâmes à Rivière, où le hasard du billet de logement me fit asseoir à la même table que le colonel Pittié, qui commandait notre brigade, officier brave, intelligent, estimable à tous les points de vue. Je ne puis cependant passer sous silence l'erreur déplorable qu'il commit à l'égard de notre régiment, erreur qui jeta le découragement où se trouvaient le dévouement et l'ardeur. Les officiers furent appelés à former le cercle et là nous entendîmes des paroles amères, que le général regretta plus tard. Notre bataillon n'avait plus que la moitié de ses officiers ; il en avait eu deux tués et trois blessés dans la dernière affaire ; son effectif était réduit de moitié. — A Pont-Noyelles, sur un peu plus de cent hommes de la première compagnie, il y eut une perte de trente-six : tués, blessés et disparus. Ce bataillon s'entendit accuser, tandis qu'on l'avait laissé écraser ; il s'entendit menacer d'être toujours mis en première ligne avec de l'infanterie de ligne derrière lui, tandis que les soldats de la ligne qui à Pont-Noyelles étaient derrière lui, s'étaient retirés les premiers.

L'abattement et la démoralisation suivirent ces paroles, triste symptôme d'un défaut complet de fraternité et d'estime réciproque entre les différentes armes. Les soldats de l'armée active, jeunes conscrits de la classe 1870 pour la plupart, ne savaient pas respecter les mobiles ni leur rendre justice. Les mobiles, de leur côté, avaient souvent des torts semblables à l'égard des mobilisés auxquels ils recommandaient ironiquement d'avoir toujours la baïonnette au canon. La suite de la campagne amena ce respect et cette fraternité d'armes qui manquaient d'abord. Après Saint-Quentin on n'entendit plus un soldat insulter un moblot.

A Gavrelle, j'écrivis à mon père à l'occasion de la nouvelle année. (Tristes dates ! tristes fêtes !) « Je t'écris, comme tu le vois, une lettre de nouvel an sur du papier à images. — Je n'en ai pas trouvé d'autre. — Le moment n'est guère choisi pour une semblable lettre ; car il ne faut pas laisser son esprit s'égarer en souhaits et en espérances. Nous menons une triste vie que nous sommes exposés à perdre à chaque instant. Il faut voir la situation telle qu'elle est et s'attendre à tout ; mais aussi se raidir contre le malheur, pour se réjouir si l'issue est meilleure qu'on ne l'avait pensé. » Je ne voulais pas recevoir une visite qui m'aurait pu enlever l'énergie dont j'avais tant besoin ; aussi, j'ajoutais : « Ne cherche pas à venir nous voir : nous sommes trop *mobiles.* »

Notre général avait choisi pour livrer une nouvelle bataille la ligne de la Scarpe. L'ennemi ne jugea pas à propos de nous y suivre. Notre bataillon jouit d'un repos relatif à Rœux, qui ne pouvait cependant point passer pour un excellent cantonnement. Je sais des jeunes gens qui nourrissaient leur hôte. Celui-ci leur présenta la carte à payer pour ce qu'il leur avait fourni, mais nos mobiles, instruits par l'expérience, usèrent de ruse et présentèrent leur carte à leur tour, prétendant faire payer au paysan les repas qu'il avait pris.

Je me souviens encore de Rœux pour une nuit de grandgarde passée par un froid rigoureux dans une halle de la gare. Notre compagnie, hélas ! bien diminuée, fournissait dix-huit sentinelles. « Soyez vigilants ; vous serez attaqués demain matin » , me dit l'officier d'ordonnance du colonel Pittié. Nous eûmes le bonheur de trouver une provision de coke , et nous allumâmes d'ardents brasiers devant lesquels les sentinelles relevées venaient se réchauffer, tandis que les autres dormaient ou causaient. C'est auprès de ce feu de bivouac qu'on amena un mobilisé enchanté d'avoir échappé à la prise de sa compagnie par cinq ou six hulans. Un conseil de guerre fut saisi de cette triste affaire, et les journaux de l'époque enregistrèrent les condamnations des officiers de cette compagnie. C'est encore auprès de ce feu de bivouac que j'entendis l'anecdote suivante : Un paysan raconte les exploits d'un de ses parents. Arrêté par une patrouille prussienne, ce héros nie appartenir à l'armée française.— Les Prussiens insistent, mais il les met en fuite en leur montrant son *réverbère*.— C'était donc un *éclaireur*, reprend un des assistants.

Comme je l'ai dit, les Prussiens, ne voulant pas accepter le champ de bataille choisi par notre général, ne se décidèrent pas à venir nous attaquer ; il nous fallut donc reprendre l'offensive. Notre grand'garde n'était pas finie qu'on venait nous communiquer l'ordre de départ pour Wailly , première étape vers Bapaume.

FIN DE LA DEUXIÈME PARTIE.

Douai.—Imprimerie DUTHILLŒUL et LAIGLE, 12, rue des Procureurs.

www.ingramcontent.com/pod-product-compliance
Lightning Source LLC
LaVergne TN
LVHW021733080426
835510LV00010B/1229